ひとりで作って、みんなで食べよ！

はじめてのごはん

阪下千恵

JN209611

楽しくつくって、
おいしく食べよう

もくじ

はじめに

お料理ってとっても楽しい！　自分が食べたいものをつくれるって、ワクワクするし、かっこいい！　はじめは上手にできなくても大丈夫。まずは1品。写真を見ながら"できそう""家に材料がある"というものからチャレンジしてみて。だれかといっしょに食べて「おいしい！」と喜んでもらえたら楽しさも100倍。

お料理上手への近道は、とにかくたくさんつくること。この本のお料理がつくれるようになったら、もう立派なお料理マスター！　一生使える最強のお料理力を手に入れてくださいね。

★ お家の方へ ★

この本では、子どもがひとりでもつくれるように、できるだけ材料や調味料の数、切るものを減らしてつくりました。みじん切りなど、普通の調理方法と違うところもありますが、簡単でもしっかりとおいしくできるように工夫しました。「ひとりでできた」「おいしい」「自分の食べたいものがつくれる」「家族に喜ばれた」と、いう自信は何よりの宝物です。

目玉焼きからスタートしたわが家の長女も、高校生となった今では、私の帰宅が遅いときは冷蔵庫にあるもので夕ごはんをササッとつくってくれるまでに成長しました。子どもにつくってもらうごはんは最高です。

とはいえ、最初は大人の手助けも必要です。包丁、ガスコンロ、オーブントースター、熱湯などを扱うときは、年齢や経験に応じて手助けしたり、安全に調理できるよう見守ってあげてください。ぜひ、楽しみながら親子でもつくってみてくださいね。

阪下千恵

料理をはじめる前に

ここを読んでから、お料理をはじめてね。

料理の流れ

❶ メニューを決める

まず、つくりたい料理を決めます。決まったらその料理のページを最後まで読んで、流れをつかんでおいて。

❷ 身じたくをする

髪が長い人は結んだり、三角きんをつけます。そでがじゃまな場合は腕まくりして、エプロンをつけて手をきれいに洗います。

❸ 材料と道具を出す

使うものを最初に全部出しておいて。使う道具を準備して、食材や調味料をはかります。野菜はしっかり洗います。

❹ 料理をする

さあ、いよいよクッキングスタート！肉や魚はしっかり火を通して仕上げて。

いただきます

食べ終わったらあとかたづけもしっかり！

材料をはかる

計量スプーン

大さじ（15ml）と小さじ（5ml）があります。液体は表面がこんもり盛り上がるくらい、それ以外は表面を平らにしてはかります。

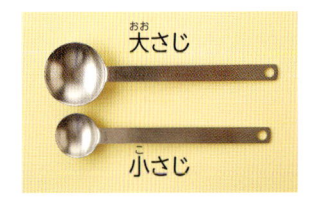

大さじ

小さじ

◀ 粉ものは平らに ▶　◀ 液体はこんもり ▶

計量カップ

カップ1杯で200ml。液体は真横から見て、台が平らなところではかります。

はかり

重さをはかるときに使います。最初に器をのせておき、めもりを0にしてから計量したいものを入れてはかります。

包丁の使い方

10cmほど

立つ
調理台からグーで1つ分（10cm）ほど、はなれたところに立ちます。包丁を持つ手と同じ側の足を少し引いて立つと、包丁が動かしやすくなります。

右ききの場合　左ききの場合

置く
刃を人が立つところと反対側に向けて

持つ
柄をグーでしっかり握ります。

押さえる
包丁を持たないほうの手で材料がグラグラしないように押さえます。指を丸めると安全です。

切る
前に押すように刃を動かして。

野菜の洗い方・皮のむき方

野菜の洗い方
ボウルにためた水の中で洗います。じゃがいも、にんじんは、ボウルにためた水の中で、よくこすって汚れを落とします。

皮のむき方
◆じゃがいも・にんじん
じゃがいも、にんじんの皮は、ピーラー（皮むき器）でむきます。野菜はまな板に置いてむくと安定してむきやすいよ。

◆玉ねぎ
ボウルにためた水の中に入れてしばらくおき、上のほうから引っ張るようにしてむきます。茶色い部分はぜんぶむきます。

あると便利な道具
この本では、こんな道具も使っています。

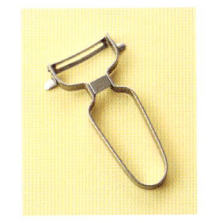
ピーラー
野菜の皮をむくときに使います。

トング
焼いた肉を返すとき、ゆでたスパゲッティを引き上げるときに。

ゴムべら
炒めるとき、まぜるときに使います。熱いものにも使えるシリコン製を。

タイマー
つくり方にある目安の時間をタイマーではかると安心。

ガスコンロの火加減のめやす

つくり方にある火加減に注意して、やけどをしないように安全に使いましょう。

弱火	中火	強火
炎の先が鍋の底にあたらないくらい	炎の先が鍋の底にあたる	炎の先が広がって鍋の底全体にあたっている

＊IHクッキングヒーターの場合は、ボタンで火加減を設定して。

オーブントースターの使い方

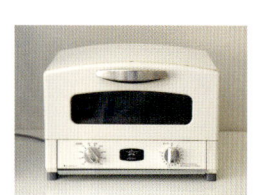

パンを焼くだけではなく、料理にも使います。つくり方の焼き時間をめやすにして、焼き色を見ながら焼いて。アルミホイルを使う場合は、"こげないタイプ"を使って。

とり出すときはミトンを必ず使って

この本の使い方

使う道具

つくる前に準備しておきましょう。

材料やつくり方の補足説明

いろいろな種類がある材料についてや、つくり方がわかりやすくなるように、ちょっとくわしく説明しています。

使う材料と分量

しっかり計量しておきましょう。

主な材料

ここでは必要な分を紹介しています。長いままのほうが切りやすいものは、つくり方の写真では長いまま使っています。

アイコン

けがや、やけどに注意したいときは「けが」「やけど」に気をつけて！のマークがついています。

6

1章 しょう

｛カンタン｝
ごはん、パンメニューをつくる

好きなものをのっけるだけのごはんや

いつも食べているおにぎり、サンドイッチにチャレンジしてみよう。

これがつくれたら「おなかがすいた！」ときに活躍するよ。

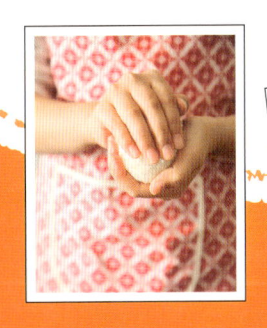

ツナとトマトののっけごはん

ごはんにおかずをのせたものが"のっけごはん"。ちょっとおなかがすいたときに、手軽につくれるものを紹介するよ。ごはんは温かいものを使ってね。

材料（1人分）

温かいごはん	茶わん1ぱい分
ツナ（パック入り）	½パック
トマト	½個
しょうゆ	小さじ1くらい
マヨネーズ	大さじ1くらい

使う道具

- 計量スプーン
- ボウル
- 包丁
- スプーン
- まな板

メモ ツナ

ツナは缶詰でもOKです。缶詰の場合は、ざるにあけて汁気をきって。缶をあけるときにふたで手を切らないように注意しましょう。

つくり方

トマトを切る

平らな面を下にして切って！

ツナを用意

1 トマトは包丁の先を使って、緑のへたを切り落とす。

2 断面を下にして、1㎝幅に切る。1枚ずつ倒して1㎝角になるように切る。

3 ツナは袋をかたむけて汁気をきる（袋の半量を使うよ）。

ちぎった焼きのりを
散らしても
おいしいよ

ごはんにのせる

まぜて
食べてね

4 器にごはんを盛り、トマト、ツナをのせる。

5 ツナにしょうゆをかける。

6 マヨネーズをしぼりかける。

かにかまときゅうりののっけごはん

かつおぶしとしょうゆをまぜたものが、おいしさの決め手！
かにかまは、食べやすく手でさいてからのせてね。

材料（1人分）

温かいごはん	茶わん1ぱい分
かに風味かまぼこ	2本
きゅうり	¼本
かつおぶし	½パック
しょうゆ	小さじ½くらい
マヨネーズ	大さじ1くらい

使う道具

- 計量スプーン
- ボウル
- 包丁
- スプーン
- まな板

つくり方

1. かに風味かまぼこは、食べやすいように手で細くさく。
2. きゅうりは洗って、薄い輪切りにする。
3. かつおぶしとしょうゆをまぜる。
4. 器にごはんを盛り、3 をのせる。きゅうりを並べ、かに風味かまぼこをのせ、マヨネーズをぐるりとかける。

メモ きゅうりの薄い輪切り

輪切りは、きゅうりを端から切ること。薄い輪切りは3mmくらいの厚さに切って。

けが

たらことコーン、レタスののっけごはん

ごはんとたらこ、バターの組み合わせはおいしいね！
シャキシャキしたレタスものせたらアクセントになって食べやすいよ。

材料（1人分）

温かいごはん	茶わん1杯分
レタス	1枚
コーン（パック入り）	大さじ2
たらこ	2cm分
塩	少々
バター	ひとかけ

使う道具

- 計量スプーン
- 包丁
- まな板
- ボウル
- スプーン
- ペーパータオル

つくり方

1 レタスは洗って、手で小さめにちぎってボウルに入れる。塩をパラパラとふって手で2〜3回やさしくもむ。ペーパータオルに包んでやさしくしぼる。

2 コーンは汁気をしっかりきる。

3 器にごはんを盛り、レタスをのせる。コーンを散らし、たらことバターをのせる。まぜてバターをとかしながら食べる。

メモ  コーン

コーンはとうもろこしのこと。パック入りがなければ缶詰や冷凍でも。冷凍の場合は、冷蔵庫に移して解凍してね。

さけおにぎり

ごはんをギュッとにぎっておにぎりにすると、ごはんがまたおいしくなるね。
いろんな具を楽しんで。ラップを使って、まるくにぎるのが一番簡単！

**のりなしでも
おいしいよ！**

材料（2個分）

温かいごはん
············· 茶わん1ぱい分
さけフレーク············· 大さじ1
焼きのり············· 5×9cmを2枚
塩············· 少々

使う道具

・計量スプーン
・スプーン
・ラップ

メモ　お弁当にするなら

おにぎりを外に持っていくときは、冷ましてから新しいラップなどに包みます。温かいときに包むと水滴がついてのりがとけてしまいます。

つくり方

具をのせる

1

茶わんに大きめ（30×30cmくらい）のラップを敷き、ごはんの半量をのせる。まん中にさけフレークの半量をのせる。

にぎる

2

ラップの4つの端を持ち上げ、ラップをねじって包む。

3

両手で持ってまるくにぎり、少し平たくなるように形をととのえる。

のりをまく

4

ラップをひらいて、両面に塩をぱらぱらとふって焼きのりをまく。もう1個も同じようにつくる。

こんな具もおいしいよ！

さけフレークのほかに具をかえてもいいし、ごはんにまぜてにぎってもいいね。
ごはんと塩の量、つくり方は同じ。のりは自由にまいて。

おかかおにぎり

かつおぶし½パックとしょうゆ小さじ½くらいをまぜて、半分に分ける。これを具にしてにぎり、2㎝幅に切った焼きのりをまく。

たらこマヨおにぎり

たらこ1㎝幅に切ったもの2個とマヨネーズ小さじ1を混ぜたものを具にしてにぎる。2㎝幅に切った焼きのりをまく。

赤じそおにぎり

赤じそ風味ふりかけ小さじ½くらい、しらす干し大さじ1〜2をごはんにまぜてにぎる。

ハムとチーズおにぎり

ハム1枚、スライスチーズ1枚はそれぞれ1㎝大に切り、ごはんに加えてまぜてにぎる。

卵サンド

みんなが大好きな、ゆで卵とマヨネーズをまぜた卵ペーストをはさんで、卵サンドをつくろう。パンは薄く切ったサンドイッチ用が食べやすいよ。

材料（2人分）

食パン（サンドイッチ用・みみなし）
............6枚
卵............3個
マヨネーズ............大さじ2 ½
塩............小さじ½くらい
こしょう............少々
マーガリン............大さじ2くらい

使う道具

- 計量スプーン
- 包丁
- まな板
- 小鍋
- ボウル
- お玉
- バターナイフ
- スプーン
- ポリ袋
- ラップ
- キッチンばさみ

つくり方

卵ペーストをつくる

1
ゆで卵をつくって殻をむき、厚手のポリ袋に入れる。袋の上から、指でゆで卵をつぶす。

2
白身が細かくつぶれたらマヨネーズ、塩、こしょうを加えてもんでまぜる。

サンドする

3
食パンを並べ、片面にマーガリンをぬる。

全体にぬってね

4
ポリ袋の底の角を少し切り落とす（キッチンばさみで三角形に）。ポリ袋を持ち、卵ペーストを食パン3枚に等分にしぼり出す。

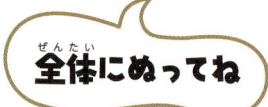

14

❶ 小鍋(こなべ)に卵(たまご)がかぶるくらいの水(みず)を入(い)れて沸騰(ふっとう)させる。お玉(たま)に卵(たまご)を1個(こ)ずつのせ、そっと入(い)れる。中火(ちゅうび)で12分(ふん)ゆでる。

❷ 火(ひ)を消(け)し、お玉(たま)で卵(たまご)をすくって水(みず)にとる。途中(とちゅう)で1回水(かいみず)をかえて、5分(ふん)ほどつけて冷(さ)ます。

❸ ゆで卵(たまご)を台(だい)にコンコンと打(う)ちつけ、全体(ぜんたい)にひびを入(い)れる。ひびの入(はい)ったところから殻(から)をむく。

切(き)る

5 スプーンの背(せ)で平(たい)らにのばす。

6 残(のこ)りの食(しょく)パン3枚(まい)をかぶせ、手(て)で軽(かる)く押(お)さえる。

マーガリンをぬった面(めん)を卵(たまご)にのせて

7 サンドイッチを重(かさ)ね、ラップで包(つつ)む。冷蔵庫(れいぞうこ)に30分(ぷん)ほどおいてなじませる。

8 ラップをはずし、食(た)べやすい大(おお)きさに切(き)る。

ジャムサンド

甘〜いジャムをはさみました。朝ごはんやおやつに食べたいね。
いちごジャムでも、ブルーベリージャムでも、好きなジャムでつくって。

材料(2人分)

食パン (サンドイッチ用・みみなし) ……… 6枚
いちごジャム (または好きなジャム)
…………………………………… 大さじ4〜5
マーガリン …………………………… 大さじ2

使う道具

- 計量スプーン
- 包丁
- まな板
- バターナイフ（またはスプーン）
- ラップ

つくり方

① 食パンを並べ、片面にマーガリンをぬる。

② 食パン3枚に、マーガリンの上からジャムをぬる。残り3枚の食パンをのせ、軽く手で押さえる。

③ サンドイッチを重ね、ラップで包む。冷蔵庫に30分ほどおいてなじませる。ラップをはずして食べやすく切る。

メモ ▶ 好みのジャムでも

オレンジマーマレードやブルーベリージャムなど好きなジャムでつくってね。

ハム、チーズ、きゅうりサンド

ハムもチーズもそのままで、きゅうりは輪切りにて並べて。
ハムかチーズ、どちらかひとつでもつくれるよ。

材料(2人分)

食パン (サンドイッチ用・みみなし)	6枚
きゅうり	½本
ハム	3枚
スライスチーズ	3枚
塩	少々
マーガリン	大さじ2
マヨネーズ	大さじ1

使う道具

- 計量スプーン
- 包丁
- まな板
- バターナイフ（またはスプーン）
- ラップ

つくり方

1 食パンを並べ、片面にマーガリンをぬる。3枚はマーガリンの上にマヨネーズをぬる。

2 きゅうりは洗って薄い輪切りにする。塩をパラパラとふる。

3 マーガリンとマヨネーズをぬった食パンにハム、きゅうり、スライスチーズの順にのせる。

4 マーガリンをぬった食パンをかぶせ、手で軽く押さえる。あとは「ジャムサンド」のつくり方 3 と同じようにつくる。

メモ きゅうりの薄い輪切り

輪切りは、きゅうりを端から切ること。薄い輪切りは3mmくらいの厚さに切って。

けが

ごはんをたいてみよう！

ごはんは、おかずといっしょに食べたり、チャーハンにしたり、
おなかいっぱいにしてくれるもの。お米から炊飯器でたいてみよう。

はかる

1 炊飯器についているカップを使う。カップに山盛りの米を入れ、指ですりきる。

カップ1が1合

たきたてを
食べてみて

洗う

2 ボウルに米を入れて、水を加える。

3 できるだけ手早く、手でかきまぜる。

4 米粒がこぼれないように、静かに水を捨てる。

ざるで受けても
水を捨てるときに、米が流れてしまいそうなら水を捨てるところにざるを置くと安心。

たく

5 再び水を加え、手でかきまぜて静かに水を捨てる。これを3〜4回くり返し、水が透明になればOK。

6 炊飯器の内鍋に米を入れる。

7 平らなところにおいて、めもりまで水を加える。そのまま30分おいて水を吸わせる。

8 炊飯器のスイッチを押してたく。たき上がったらふたをすぐにあけて、軽く水でぬらしたしゃもじでさっくりとまぜる。

やけど

⚠️ お米の中には無洗米といって洗わずにたけるものがあります。

2章

フライパン、鍋で
大好きおかずを
つくる

フライパン、鍋が使えたら、しょうが焼きやソース焼きそばなど
大好きな料理がつくれます！　できたてを食べられるのは
つくった人の特典。熱くなるので十分注意してね。

スクランブルエッグ

ふわふわの口当たりが、おいしさです。卵液を流し入れたら、大きく、手早くまぜて。
最後は、ちょっとやわらかいかな〜というくらいで火を止めて。

パセリがあれば色がきれい！

材料(2人分)

卵	3個
牛乳	大さじ2
塩	ひとつまみ
こしょう	少々
バター	2㎝大をひとかけ

トマトケチャップ
……………………大さじ2くらい

使う道具

- 計量スプーン
- ボウル
- 菜ばし
- ゴムべら
- フライパン

メモ 卵の割り方

❶平らな台に2〜4回打ちつけて。

❷容器の上で割ります。

つくり方

卵をとく

1 ボウルに卵を割り入れる。牛乳、塩、こしょうを加える。

2 菜ばしで、白身と黄身をほぐしながらしっかりとまぜる。

炒める

やけど

3 フライパンを中火にかけて温め、バターを入れる。バターがとけてきたら、卵液を一気に流し入れる。

4 ゴムべらで手早くまぜる（1分30秒ほど）。卵がほぼかたまったら、火を止めて器に盛り、トマトケチャップをかける。

ハムエッグ

ハムといっしょに目玉焼きを焼くのがハムエッグ。水を入れたらすぐにふたをして蒸し焼きにしてね。白身が白くかたまれば焼き上がり。

材料（2人分）

卵	2個
ハム	2枚
サラダ油	小さじ½
水	大さじ3
塩、こしょう	各少々

使う道具

- 計量スプーン
- ボウル
- フライ返し
- フライパン

ハムのかわりにベーコンでも

つくり方

ハムを並べる

1

卵は1個ずつ小さなボウルに割る。フライパンにサラダ油を入れ、ハムを並べる。

卵を入れる

2

フライパンを中火にかけ、ハムの上に割った卵をそっと入れる。もう1個も入れる。

焼く

3

やけど

フライパンのあいたところに水を入れ、すぐにふたをして焼く（3〜5分）。

4

白身がかたまったら塩、こしょうをパラパラとふる。フライ返しでとり出して器に盛る。

野菜炒め

フライパンで炒めものにチャレンジ。あわてないように調味料はまぜておいてね。
水気が出ないように、できたてを食べて。

材料(2人分)

豚ひき肉 …………………… 100g
小松菜 ………………………… 4株
もやし(根切りタイプ)……… ½袋
ごま油 ……………………… 大さじ1

A
- しょうゆ ……………… 大さじ1
- 鶏ガラスープの素(顆粒)
  ……………………… 小さじ1
- おろしにんにく
  ……………… 小さじ⅓くらい

使う道具

- 計量スプーン
- 包丁
- まな板
- ボウル
- ざる
- 菜ばし
- フライパン
- フライ返し
- ペーパータオル

メモ

おろしにんにく、ごま油

にんにくはチューブ入りを使って。苦手ならなくてもおいしくできます。

ごま油はごまをしぼった茶色い油。こうばしい香りがあるよ。

つくり方

野菜を用意

1 けが

小松菜は洗って水気をきり、根元を切り落とす。4cm長さに切って茎と葉に分けておく。

2

もやしは洗って、ペーパータオルで水気をしっかりとふく。

調味料をまぜる

3

小さなボウルにAのしょうゆ、鶏ガラスープの素、おろしにんにくを入れてまぜる。

炒める

4 やけど

フライパンにごま油とひき肉を入れ、中火にかけてフライ返しで炒める。

キャベツや
ピーマンなどでも
OK!

切る

5

ひき肉が白っぽく変わって火が通ったら、小松菜の茎を加えて、強火にして2〜3回まぜる。

6

小松菜の葉と、もやしを加えて炒める（1分ほど）。

7

3の調味料を一気に加える。

8

大きく3〜4回まぜて炒めてでき上がり。器に盛る。

あさりとキャベツの蒸し煮

材料を入れたらふたをして、あとは火にかけるだけ。あさりは火が通ると、自然に口があいておいしい汁が出てきます。この汁がキャベツをおいしくします。

材料(2人分)

あさり(砂ぬきしたもの)	200g

*または缶詰のあさり½缶でも。

キャベツ	⅙個
ベーコン(ハーフサイズ)	4枚
A ┌ 酒	大さじ2
└ おろしにんにく	小さじ⅓くらい
オリーブオイル	大さじ1
塩、こしょう	各少々

使う道具

- 計量スプーン
- 包丁
- まな板
- ボウル
- ざる
- フライパン
- スプーン

メモ あさりの砂ぬき

❶ 買ったあさりはもう一度砂をぬきます。あさりは洗い、ボウルに3%の塩水(水2½カップ = 500ml + 塩大さじ1)にあさりを入れます。

❷ アルミホイルをかぶせ、2〜3時間おいて砂をはかせます。夏は涼しいところにおいてね。

つくり方

あさりを洗う

1

あさりは砂ぬきし(上のメモを見て)ボウルに入れて、殻と殻をこすりながら何度か洗う。

キャベツを切る

2 けが

キャベツは軸のかたい部分を切り落とす。葉を1枚ずつはがして、4cm大に切って洗い、水気をきる。

ベーコンを切る

3 けが

ベーコンは2cm幅に切る。

調味料をまぜる

4

小さなボウルに、Aの酒とおろしにんにくを入れてまぜる。

最後に粉チーズ、
パセリを散らしても

フライパンに並べる

フライパンにキャベツを入れ、あさりを散らし、ベーコンも上に散らす。

オリーブオイルをスプーンでタラリと全体にかけ、**4**の調味料もまわしかける。塩とこしょうをふる。

蒸し煮にする

フライパンにふたをして、中火にかける。あさりの口があくまで加熱する（5〜7分）。

さらに2〜3分加熱して、野菜がしんなりするまで火を通す。ふたをはずして、器に盛る。

肉じゃが

お肉を入れた、甘辛い味の煮ものです。

おなじみのじゃがいも、にんじん、玉ねぎを使うので、皮のむき方などをおぼえてね。

材料（2人分）

- 牛切り落とし肉……120g
- じゃがいも……2個
- にんじん……½本
- 玉ねぎ……⅔個
- 冷凍グリンピース※……大さじ2くらい

※つくりはじめるときに冷凍庫から出しておいて。

A
- しょうゆ……大さじ3
- 酒……大さじ2
- みりん……大さじ2
- 砂糖……大さじ1½

- サラダ油……小さじ1
- 水…1カップくらい（200ml）
- だしパック……1個

使う道具

- 計量スプーン
- 計量カップ
- 包丁
- まな板
- ピーラー
- ボウル
- 鍋
- ゴムべら
- お玉
- 菜ばし
- 竹ぐし

つくり方

野菜を用意する

1

けが

じゃがいもは、ピーラーで皮をむき（5ページを見て）、芽の部分はえぐりとる。1個を8等分（小さいものは6等分）に切り、さっと洗う。

2

にんじんもピーラーで皮をむき（5ページを見て）、1㎝幅の輪切りにする。

調味料をまぜる

3

玉ねぎは端を切り落とし、縦に2㎝幅に切る。小さなボウルに**A**のしょうゆ、酒、みりん、砂糖を入れてまぜる。

炒める

4

鍋にサラダ油、にんじん、じゃがいも、玉ねぎの順に重ね入れ、上に牛肉をのせて中火にかける。

お肉は豚肉の薄切りでもOK!

これが
だしパック

煮る

5
やけど

ゴムべらでまぜながら炒める（1〜2分）。

6

3 の調味料を加え、かぶるくらいまで水を注ぎ、だしパックをのせる。煮立ったらふたをして煮る（10〜15分）。

7

ふたをはずし、だしパックをとり出す。じゃがいもがくずれないように、静かに上下を返す。いもに竹ぐしをさし、すっと通ればOK。

8

グリンピースを加え、火を止めてふたをして10〜20分おいてから器に盛る。

豚肉のしょうが焼き

しょうがはすりおろしてつくると、すっごくおいしく仕上がります！
豚肉は切りこみを入れてから焼くと、肉がそり返ったりしないできれいに焼けるよ。

材料（2〜3人分）

豚肉しょうが焼き用
（または薄切り肉）………6枚

しょうが……………1かけ

A
┌ しょうゆ………大さじ2
│ みりん…………大さじ2
│ 酒………………大さじ1½
└ 砂糖……………大さじ½

小麦粉………大さじ1〜2

サラダ油…………小さじ1

つけ合わせ

┌ サラダ菜
│ （洗って水気をふく）…4枚
│ ミニトマト（へたをとる）
└ ………………6個

使う道具

- 計量スプーン
- 包丁
- まな板
- ボウル
- おろし金
- フライパン
- 菜ばし
- フライ返し
- ペーパータオル

メモ　おろししょうが

しょうがはかたまりのまま（写真左）、皮つきですりおろして。チューブのおろししょうが（写真右）でもOK。

つくり方

たれを用意する

1

けが

しょうがはよく洗い皮ごとすりおろし、小さじ1を準備。

下にぬれぶきんを敷くとやりやすい！

2

小さなボウルにAのしょうゆ、みりん、酒、砂糖を入れ、**1**のしょうがを加えてまぜる。

豚肉を用意する

3

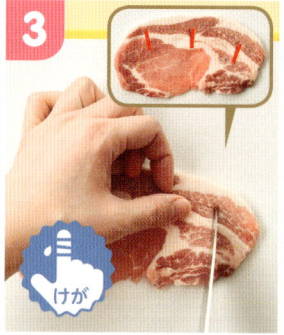

けが

豚肉の白い脂身と赤い肉の間に、包丁の先で1〜2cmの切りこみを入れて筋を切る（1枚につき3か所くらい）。

4

豚肉の両面に、小麦粉を指でパラパラとふる。

自分の好きな
野菜でもいいよ！

両面を
こんがり焼いて

焼く

5

フライパンにサラダ油を入れる。豚肉は小麦粉を全体にのばしながら並べ、中火にかける。

6

やけど

フライパンからジュージューと音がしてきたら、フライ返しで肉を押しつけながら焼く（2〜3分）。

7

焼き色がついたら、裏返して焼き色がつくまでさらに焼く（1〜2分）。フライパンの中の脂を、折りたたんだペーパータオルでふきとる。

たれをからめる

8

あいたところに **2** のたれを加え、菜ばしで豚肉の両面にたれをからめる。菜ばしで器に盛り、フライパンに残った焼き汁もかける。

鶏肉の照り焼き

鶏肉はふたをして焼いて、中までちゃんと火を通してね。それからたれをからめて、味をからめます。できたら5分ほどおいておくと、肉汁がおちついて切りやすくなります。

材料（2〜3人分）

鶏もも肉	2枚
小麦粉	大さじ2くらい
A 酒	大さじ2
しょうゆ	大さじ2
みりん	大さじ1
砂糖	大さじ1
サラダ油	大さじ½

使う道具

- 計量スプーン
- 包丁
- まな板
- ボウル
- フライパン
- 菜ばし
- トング
- スプーン
- 竹ぐし
- ペーパータオル

つくり方

鶏肉に粉をふる

1

鶏肉の両面に、小麦粉を指でパラパラとふる。

たれを用意する

2

小さなボウルにAの材料の酒、しょうゆ、みりん、砂糖を入れてまぜる。

焼く 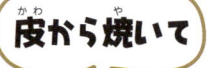 皮から焼いて

3

フライパンにサラダ油を入れる。鶏肉は小麦粉を全体にのばし、皮を下にして並べる。

4

中火にかけ、ふたをして皮がこんがりするまで焼く（5分ほど）。

鶏肉（とりにく）は皮（かわ）を
上（うえ）にして
盛（も）りつけてね

たれをからめる

5

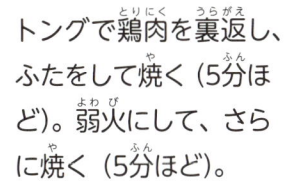

やけど

トングで鶏肉（とりにく）を裏返（うらがえ）し、ふたをして焼（や）く（5分（ふん）ほど）。弱火（よわび）にして、さらに焼（や）く（5分（ふん）ほど）。

6

鶏肉（とりにく）の厚（あつ）い部分（ぶぶん）に竹（たけ）ぐしをさして、ピンク色（いろ）の汁（しる）が出（で）なければOK。ピンク色（いろ）の汁（しる）が出（で）たときは、もう少（すこ）し焼（や）く。

7

フライパンの中（なか）の脂（あぶら）を、折（お）りたたんだペーパータオルでふきとる。あいたところに**2**のたれを入（い）れ、中火（ちゅうび）にする。

8

鶏肉（とりにく）を返（かえ）してたれをからめる。全体（ぜんたい）にからんだら火（ひ）を止（と）めて、5分（ふん）ほどおく。食（た）べやすく切（き）って器（うつわ）に盛（も）り、フライパンの汁（しる）をかける。

31

ハンバーグ

大好きなハンバーグをつくってみよう。ひき肉は、牛肉と豚肉をまぜた合いびき肉を使います。
ハンバーグの材料は、ポリ袋の中でまぜるとまぜやすいよ。

つけ合わせは、ゆでたじゃがいもとにんじん

好みの型でぬいたスライスチーズをのせてもかわいい

牛豚合いびき肉……200g
玉ねぎ…………………¼個

A
┌ 卵…………………1個
│ パン粉…………½カップ
│ 牛乳…………大さじ2
│ 塩……小さじ⅓くらい
└ こしょう…………少々

オリーブオイル（または
サラダ油）…………小さじ1

ソース
┌ トマトケチャップ
│ …………⅓カップ (70ml)
│ ウスターソース……大さじ2
│ 酒………………大さじ2
└ 水…………¼カップ (50ml)

つけ合わせ
（35ページを見て）

- 計量スプーン
- 計量カップ
- 包丁
- まな板
- ボウル
- フライパン
- 菜ばし
- フライ返し
- スプーン
- 竹ぐし
- ポリ袋
- ペーパータオル

つくり方

玉ねぎを切る

1 玉ねぎは縦に薄切りにする。

薄切りを端から小さく切る。

大きいものがあれば、包丁で上からざくざくと何度か切る。

ソースの材料をまぜる

2 小さなボウルにソースのトマトケチャップ、水、ウスターソース、酒を入れてまぜる。

たねをつくる

上から、モミモミ

3 ポリ袋に合いびき肉、玉ねぎ、Aの卵、パン粉、牛乳、塩、こしょうを入れる。

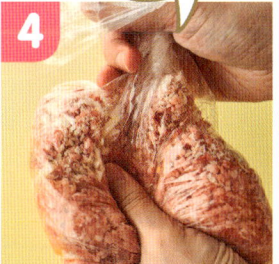

4 ポリ袋の口をしっかり持ち、反対の手で袋の上からもんでしっかりまぜる。

5 パン粉の粒が見えなくなったらOK。袋の中で半分にして、それぞれまとめる。

次のページへ

ハンバーグ

形をつくる

キャッチボールは2〜3回

6 両手に水を少しだけつけてぬらす。

7 ハンバーグだねの半分を袋からとり出す。

8 両手でもみながらまるめる。

9 キャッチボールをするようにして中の空気をぬく。

焼く

10 だ円形にととのえる。

11 真ん中を押して、くぼませる。

12 これでハンバーグだねのでき上がり。もう1個の生地も同じようにつくる。

13 フライパンにオリーブオイルを入れて、ハンバーグだねを並べる。

14 フライパンにふたをして、中火にかける。

やけど

15 フライパンからジュージューと音がしてきたら、弱火にして焼く（4〜5分）。

16 フライ返しで裏返し、ふたをして弱火で焼く（4〜5分）。

17 竹ぐしをさして、ぬいたときにピンク色の汁が出てこなければ焼き上がり。

ソースをつくる

18 火を止めて、ハンバーグを器にとり出す

19 フライパンの中の脂を、折ったペーパータオルでふきとる。

20 フライパンに **2** のソースの材料を入れ、中火にかける。

21 煮立ったら弱火にし、まぜながらとろみがつくまで煮る（1〜2分）。ハンバーグにかける。

delicious

つけ合わせのつくり方

じゃがいもは小さなものを、皮つきのままゆでます。

材料（2人分）

じゃがいも	小1個
にんじん	¼本
バター	2cm大をひとかけ

使う道具

- 包丁
- まな板
- ボウル
- 鍋
- スプーン
- ピーラー

つくり方

1 じゃがいもはよく洗い、皮つきのまま1cm幅の輪切りにしてさっと洗う。にんじんはピーラーで皮をむき（5ページを見て）、1cm幅の輪切りにする。

2 鍋に **1** を入れ、かぶるくらいまで水を注いで中火にかけてゆでる（10〜12分）。

3 やわらかくなったらボウルに入れ、バターを加えてからめる。

ソース焼きそば

味つけは、めんについているソースを使ってね。めんは無理にほぐさないで、
水を加えて蒸しながら炒めるとほぐれやすくなります。

材料(2人分)

焼きそば用めん(ソースつき)
………………………… 2パック
豚こま切れ肉………………… 120g
キャベツ…………………… 2枚
パプリカ(赤)……………… ¼個
サラダ油…………………… 大さじ½
水………………………… 大さじ4
青のり……………………… 好きなだけ

使う道具

- 計量スプーン
- 包丁
- まな板
- ボウル
- ざる
- フライパン
- 菜ばし

メモ ピーマンでもOK

いろどりがよくなるようにパプリカ
を使っていますが、ピーマンでも
おいしくつくれます。

つくり方

野菜を切る

1

けが

キャベツは洗って水気
をきり、真ん中の、か
たい軸の部分を除く。

2

キャベツの葉の部分を
4㎝大に切る(軸の部
分は薄切りにして加え
ても)。

3

ここが種

パプリカは種の部分を
除いて洗い、端から細
切りにする。

肉、野菜を炒める

4

フライパンにサラダ油
を入れ、豚肉を広げ入
れる。中火にかけて炒
める(1〜2分)。

キャベツが
合うので
入れてね

めんを炒める

5 やけど

豚肉の色が白っぽくなったら、キャベツとパプリカを加えて炒める（1〜2分）。

6

野菜がしんなりしたら、焼きそば用のめんをのせ、上から水をまわしかける。

7

めんをほぐしながらまぜて、水気がなくなるまで炒める。

8

めんについているソースを加え、しっかりまぜて味をなじませる。器に盛り、青のりをかける。

ナポリタン

トマトケチャップはたっぷりがおいしいよ。先にフライパンで具を炒め、味をつけたら火を止めておき、お鍋でスパゲッティをゆでます。

材料(2人分)

スパゲッティ……………160〜200g
ウインナソーセージ……………3本
水煮マッシュルーム(パック入り)
…………………………………1袋
ピーマン…………………………1個
玉ねぎ……………………………¼個
A ┌ トマトケチャップ
  │ ……………½カップ(100ml)
  └ ウスターソース………小さじ2
塩(スパゲッティをゆでる)……大さじ1
オリーブオイル………大さじ1½
粉チーズ………………大さじ2くらい

使う道具

- 計量スプーン
- 計量カップ
- 包丁
- まな板
- ボウル
- ざる
- フライパン
- 鍋
- スプーン
- トング
- ゴムべら

メモ ピーマンの種のとり方

❶ ピーマンはへたを親指でギュッと押して、へたをはずします。

❷ ピーマンの中の種を除き、さらに洗って種を除きます

つくり方

ソーセージを切る

1

ソーセージは1cm幅に切る。マッシュルームは汁気をきる。

ピーマンをちぎる

2

ピーマンは種を除いてからさっと洗い(上のメモを見て)、手で小さくちぎる。

玉ねぎを切る

3

けが

玉ねぎは縦に薄切りにする。小さなボウルにAのトマトケチャップ、ウスターソースを入れてまぜる。

炒める

4

フライパンにオリーブオイルとソーセージ、マッシュルーム、ピーマン、玉ねぎを入れて中火にかけ、しんなりするまで炒める(3〜5分)。

粉チーズは
好きな量を
かけて

スパゲッティをゆでる

仕上げる

5 の調味料を加えて炒め合わせ（1分ほど）、火を止める。

6 大きめの鍋に湯を沸かし、塩を加えてスパゲッティを入れ、ときどきまぜながら袋の表示時間通りにゆでる。

7 ざるとボウルを重ね、スパゲッティをトングで引き上げる。

8 **5** のフライパンにスパゲッティを加え、再び中火にかけて炒め合わせる（30秒～1分）。器に盛り、粉チーズをかける。

オムライス

焼いた卵をケチャップライスにのせるときは、一気にかぶせて。
オムライスのあの形は、ラップとペーパータオルでつくるから、むずかしいことなし！

お弁当にも
なるよ！

材料（2人分）

温かいごはん	茶わん山盛り2杯分
ベーコン（ハーフサイズ）	2枚
ミックスベジタブル	1/3カップ（70ml）
卵	3個
A ┌ トマトケチャップ	大さじ3
└ 洋風スープの素（顆粒）	小さじ1/2
B ┌ 牛乳	大さじ1
└ 塩、こしょう	各少々
オリーブオイル	小さじ2

かざり

┌ トマトケチャップ	適量
└ パセリ	少々

使う道具

- 計量スプーン
- 計量カップ
- 包丁
- まな板
- ボウル
- フライパン
- フライ返し
- 菜ばし
- スプーン
- ラップ
- ペーパータオル

 オムライスのポイント！

作業の流れが大事なので、つくる前に手順を頭に入れておいて。

1. 材料を準備
2. ケチャップライスをつくって器に盛る
3. 卵をとく
4. 卵を焼く
5. のっけて形をととのえる

つくり方

ベーコンを切る

1

ベーコンは1cm幅に切る。

調味料をまぜる

2

小さなボウルに**A**のトマトケチャップと洋風スープの素を入れてまぜる。

Cooking Start!

 次のページへ

オムライス

ケチャップライスをつくる

3
フライパンにオリーブオイル大さじ1とベーコン、ミックスベジタブルを入れる。

4
中火にかけて炒める（1〜2分）。**2**の調味料を加え、煮つめながら炒める（1〜2分）。

5
ごはんを加えて、ごはんを切るようにほぐしながら炒め合わせる。

6
全体がケチャップの色になったら火を止める。

形をつくる

7
ケチャップライスの半分を、細長く器に盛る。

8
ラップ、ペーパータオルの順にかぶせる。

もうひと皿も同じようにつくって

9
上から手で押さえ、形をととのえる。

卵をほぐす

10
ボウルに卵を割り（20ページを見て）、**B**の牛乳、塩、こしょうを加える。

卵を焼く

11
菜ばしでよくまぜる。この量で2枚の卵を焼く。

12
フライパンをきれいにし、オリーブオイル小さじ1を入れて中火でよく熱する。**11**の卵液の半量を流し入れる。

13
菜ばしで大きく1〜2回まぜたら、弱火にする。卵がほぼ焼けたら、菜ばしで卵の端を少し持ち上げる。

14
卵の下にフライ返しを入れ、卵を持ち上げる。もう1枚も**12**〜**14**の順で焼く。

形をつくる

15

ケチャップライスの上にかぶせる。

フライ返しがやりやすいよ!

落ち着いて1個ずつ仕上げよう!

形をととのえる

16

卵の上にペーパータオルをかぶせる。卵の端をケチャップライスの下に押しこみ、形をととのえる。

かざる

17

卵の上にトマトケチャップをしぼり、パセリをかざる。

ケチャップで楽しくかざって!

にっこり♪

親子どん

鶏肉と玉ねぎを煮て、卵を流し入れてまとめ、温かいごはんにのせます。
鶏肉はひき肉を使うので火が通りやすく、短時間でつくれるよ。

材料(2人分)

温かいごはん	茶わん2杯分
鶏ひき肉	100g
玉ねぎ	⅓個
卵	2個

A
めんつゆ(2倍濃縮)	大さじ4½
水	大さじ3
砂糖	小さじ1

使う道具

- 計量スプーン
- 包丁
- まな板
- ボウル
- 小さめフライパン(または鍋)
- 菜ばし

メモ めんつゆ

めんつゆは"2倍濃縮タイプ"を使用しました。めんつゆを使わない場合は、だし汁½カップ、しょうゆ大さじ1½、みりん大さじ1、砂糖大さじ⅔でもOK。

つくり方

玉ねぎを切る

1 けが

玉ねぎは縦に薄切りにする。

卵をとく

2

ボウルに卵を割り入れ、菜ばしでよくとく。

煮る

3

フライパンにAのめんつゆ、水、砂糖を入れ、玉ねぎとひき肉を入れる。

4 やけど

中火にかけ、玉ねぎ、ひき肉をまぜながら煮立てる。

焼きのりを
ちぎってのせても
おいしいよ

卵でとじる

5 煮立ったらふたをして、肉の色が変わるまで煮る（3分）。

6 といた卵をぐるりとまわし入れる。

7 すぐにふたをして、卵がやわらかくかたまるまで煮る（1分ほど）。

8 火を止めて、卵が好みのかたさにかたまるでおく。器にごはんを盛ってのせる。

チャーハン

卵入りのチャーハンです。卵を流し入れたら、がんばって手早く炒めて。
どんぶりや小さなボウルに入れて盛ると、お店のチャーハンみたい！

材料(2人分)

温かいごはん
……………………茶わん山盛り2杯分
長ねぎ……………………………7㎝
焼き豚(スライス)…………………4枚
卵……………………………………1個
┌ しょうゆ……………………小さじ2
A │ 塩、こしょう……………………各少々
└ ごま油………………………大さじ1

使う道具

- 計量スプーン
- 包丁
- まな板
- ボウル
- フライパン
- フライ返し
- 菜ばし

> **メモ** 焼き豚
>
> 焼き豚は、薄切りのものを買ってきて。ハムでもおいしくつくれます。

つくり方

長ねぎを切る

1

けが

長ねぎは洗って、端から薄く切る(3㎜くらい)。

焼き豚を切る

2

焼き豚は1㎝大に切る。

卵をとく

3

ボウルに卵を割り入れてよくほぐす。別の小さなボウルにAのしょうゆと塩、こしょうを入れてまぜる。

炒める

4

やけど

フライパンにごま油、長ねぎ、焼き豚を入れて、中火にかけて炒める(1〜2分)。

卵（たまご）を入（い）れると
ぐーんと
おいしくなります

切（き）るように
ほぐして！

5

ごはんを加（くわ）えて、フライ返（がえ）しでごはんをほぐして炒（いた）める（1〜2分（ふん））。

6

ごはんがほぐれてパラパラになったら、といた卵（たまご）をまわし入（い）れる。

7

すぐに炒（いた）め合（あ）わせる。卵（たまご）に火（ひ）が通（とお）り、ポロポロになればOK。

8

ごはんを少（すこ）し寄（よ）せて、あいたところに**3**の調味料（ちょうみりょう）を加（くわ）えて手早（てばや）くまぜる。

夏野菜カレー (なつ やさい)

ピーマン、なす、ズッキーニ、ミニトマト…、夏にとれる野菜を使ったカレー。
ミニトマトの酸味でぐっとおいしくなります！ 夏休みにつくってみない？

野菜たっぷりで、
栄養も満点！

材料(4人分)

温かいごはん……………適量	水…… 2 ½ カップくらい (500ml)
豚薄切り肉……………200g	カレールー……………4〜6かけ
ピーマン……………1個	
玉ねぎ……………½個	
なす……………1本	
ズッキーニ……………½本	
ミニトマト……………8個	
オリーブオイル……小さじ1	

使う道具

- 計量スプーン
- 計量カップ
- 包丁
- まな板
- ボウル
- 鍋
- ゴムべら

メモ カレールー

カレールーの箱や袋の説明を読んで、使う量を確認して。

つくり方

ピーマンをちぎる

1

ピーマンは種をとって（38ページを見て）、手で小さくちぎる。

野菜を切る

2

玉ねぎは縦に2cm幅に切る。

3

なすは洗ってへたを切り落として、1cm幅に輪切りにする。

4

ズッキーニも洗って1cm幅に輪切りにする。

トマトのへたをとる

5

ミニトマトはへたをとって洗う。

豚肉を切る

6

豚肉は5cm長さに切る。

豚肉を炒める

7

鍋にオリーブオイルを入れ、豚肉を広げて入れる。中火にかけて、豚肉の色が変わるまで炒める。

野菜を炒める

8

玉ねぎ、なす、ズッキーニ、ピーマンを加える。

次のページへ

玉ねぎがしんなりするまで炒める（2〜3分）。

ミニトマトを加えてひと炒めする。

煮る

材料がしっかりかぶるまで水を加える。沸騰したら弱火にし、ふたをして野菜がやわらかくなるまで煮る（12〜15分）。

一度火を止め、カレールーを加える。ゆっくりとまぜてとかす。

こがさないようにね！

再び弱火にかけて、大きくまぜながらとろみがつくまで煮る（2〜3分）。器にごはんを盛ってカレーをかける。

カレーアレンジ

じゃがいもとにんじんの カレー

じゃがいもとにんじんで、おなじみのカレーをつくって！　鶏肉は豚肉でもおいしい。

材料（4人分）

温かいごはん…適量	玉ねぎ…………1個
鶏もも肉（から揚げ用）	オリーブオイル
…………200g	…………小さじ1
じゃがいも………1個	水
にんじん………½本	…2½カップくらい（500ml）
	カレールー
	…………4〜6かけ

使う道具

・夏野菜カレーと同じ

つくり方

1 じゃがいもは皮をむいて8等分に切る。にんじんも皮をむき、1cm幅に輪切りにし、玉ねぎは縦に2cm幅に切る。

2 鍋にオリーブオイルを入れて広げ、鶏肉を入れて中火にかけて、肉の色が変わるまで炒める。**1**の野菜を加えて玉ねぎがしんなりするまで炒める（2〜3分）。

3 材料がしっかりかぶるまで水を加え、沸騰したら弱火にし、ふたをして野菜がやわらかくなるまで煮る（15〜20分）。

4 一度火を止めてカレールーを加え、まぜてとかす。再び弱火にかけて、とろみがつくまで煮る（2〜3分）。器にごはんを盛り、カレーをかける。

ホワイトシチュー

コトコト煮こむシチューは、寒い季節のごちそう。クリーミーな味わいがたまらない。
ウインナソーセージは半分に切って、大きいままが食べごたえが出ておいしいよ。

野菜が
やわらかくなるまで
よーく煮こんで

次のページへ

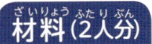

ホワイトシチュー

材料(2人分)

じゃがいも	1個
玉ねぎ	½個
にんじん	½本
ブロッコリー(小さく切って)	4個
ウインナソーセージ	5本
バター	2cm大をひとかけ
水	¾カップ(150ml)
ホワイトソース	½缶(150g)
牛乳	½カップ(100ml)
塩、こしょう	各少々

使う道具

- 計量カップ
- ピーラー
- 包丁
- まな板
- ボウル
- ざる
- 鍋
- ゴムべら
- 竹ぐし

メモ ホワイトソース

牛乳や小麦粉、バターなどでつくったもので、クリーミーな口当たりはこのソースのおかげ。缶詰のほかにパック入りが売られています。

つくり方
野菜を切る

Cooking Start!

1 じゃがいもはピーラーで皮をむき(5ページを見て)、6等分に切る。水で洗って水気をきる。

2 にんじんはピーラーで皮をむき(5ページを見て)、1cm幅に輪切りにする。

3 玉ねぎは縦に2cm幅に切る。

4 ブロッコリーはまな板に置き、茎の部分に包丁を入れて使う分、4個を切り分ける。

4' 大きければ半分に切る。

5 ウインナソーセージは長さを半分に切る。

6 鍋にバター、玉ねぎ、にんじん、じゃがいもを入れて中火にかける。

煮る

7 ゴムべらで、大きくまぜながら炒める（2〜3分）。 やけど

8 水を加えて煮る。沸騰したら弱火にし、ふたをして煮る（10分）。

9 じゃがいもに竹ぐしをさし、すっと通ればOK。

10 ホワイトソースを加え、じゃがいもをくずさないようにまぜる。

牛乳を加えたらグツグツさせないで！

11 ホワイトソースがなめらかにとけたら、ブロッコリーとソーセージを加える。途中で1〜2回まぜて煮る（5分）。

12 野菜がやわらかくなったら、牛乳、塩、こしょうを加え、ときどきかきまぜながら煮る（1〜2分）。火を止めて、器に盛る。

でき上がり！

野菜サラダをつくろう！

レタスやトマト、じゃがいもなどを使った、おなじみのサラダを紹介するよ。
ドレッシングは材料をびんの中でシャカシャカふるだけ！　ぜひ手づくりしてみよう。

レタスとトマトのサラダ

ハムやツナを
入れると
ボリュームアップ！

レタスのシャキシャキした歯ごたえが、

このサラダのおいしさ！

レタス・・・・・・・・・・・・2枚

1 レタスは洗い、つめたい水に入れ、5分ほどつけてパリッとさせる。

2 ざるに上げて水気をきり、さらにペーパータオルでしっかりと水気をふく。

3 手で4cmくらいの大きさにちぎる。

トマト・・・・・・・・・・・・½個

トマトはへたを切りとり、断面を下にしてまな板に置き、2cm幅に切る。

◆ ドレッシング

酢・・・・・・・・・・・・・・・・・・・・・・・・・・・・・・・大さじ2
塩・・・・・・・・・・・・・・・・・・・・・・・・・・・・・・・小さじ⅓
砂糖・・・・・・・・・・・・・・・・・・・・・・・・・・・・・・小さじ1
こしょう・・・・・・・・・・・・・・・・・・・・・・・・・・・・少々
サラダ油（またはオリーブオイル）・・・・・大さじ4

シャカ シャカ

小さなびんに材料をぜ〜んぶ入れ、ふたをしてよくふる。

仕上げる

粉チーズ・・・・・・・・・・・・・・・・・・・・・・・・・・・小さじ2

器にレタスを盛り、トマトを散らす。食べる直前に粉チーズをふりかけ、もう一度よくふってまぜたドレッシングを好きなだけかける。

ポテトサラダ

コーンや玉（たま）ねぎ、
炒（いた）めたベーコンを
入（い）れても！

じゃがいものほかには、きゅうりとハムだけのシンプルポテサラ！
材料（ざいりょう）3つならつくりやすいね。

じゃがいも……2個

熱いうちにつぶして！

1

じゃがいもはよく洗い、皮をつけたまま8等分に切り、水でさっと洗う。鍋に入れ、かぶるぐらいの水を入れる。

2

中火にかけて、ふたをしないでゆでる（10〜15分）。竹ぐしが、すっと通るくらいにやわらかくなればOK。

3

ざるに上げて水気をしっかりきる。菜ばしやスプーンを使って皮をとる。

4

大きめのボウルにうつし、熱いうちにしゃもじでつぶす。

きゅうり……⅓本
塩……少々

1

きゅうりは洗って薄切りにし、ボウルに入れて塩 少々をぱらぱらとふって5分ほどおく。

2

ペーパータオルにのせて包み、手でギュッとにぎって水気をしぼる。

3

きゅうりの水気はしっかりとる。

ハム……1枚

3等分に切り、さらに細切りにする。

仕上げる

マヨネーズ……大さじ3〜4
塩、こしょう……各少々

じゃがいものボウルに、きゅうりとハムを加え、マヨネーズと塩、こしょうも加えてまぜる。

野菜サラダをつくろう！

コールスロー

本当は、キャベツはせん切りにするけど、小さくちぎってつくります。

包丁になれたら
せん切りにも
チャレンジしてみて

材料（2〜3人分）

キャベツの葉（やわらかいところ）
.... 2〜3枚
塩............................ ひとつまみ

何度かにわけてしぼって！

1

2

3

キャベツは洗って手で小さめ（2㎝くらい）にちぎる。ボウルに入れ、塩をふる。

手で2〜3回もんで5分ほどおく。

ペーパータオルにのせて包み、手でギュッとにぎって水気をしぼる。

コーン（パック入り）......大さじ2

汁気をきる。

仕上げる

マヨネーズ............ 大さじ1〜2
サラダ油、酢......各小さじ1
砂糖、こしょう............ 各少々

キャベツのボウルにコーンを加え、マヨネーズ、サラダ油、酢、砂糖、こしょうを加えてまぜる。

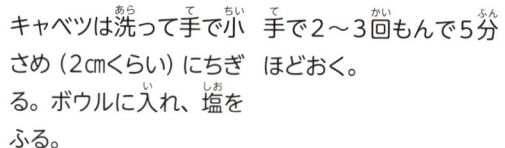

オーブントースターで
こんがり焼いて つくる

トーストやグラタンなど、こんがり焼くおかずはオーブントースターで。
切って並べたら、あとは焼き上がるのを待ちます。
トースターが熱くなるので、特にとり出すときは注意してね。

※アルミホイルを使うときは"こげないタイプ"を使用してください。
それ以外のアルミホイルの場合は、油を薄くぬって使用してください。

ピザトースト

パンにいろいろな具をのせて焼くトーストを楽しもう！　どれも朝ごはんやおやつにぴったり。
まずは、チーズがトロリととけたピザ風のトーストから。

材料(2人分)

食パン(6枚切り)	2枚
ピーマン	½個
ハム	1枚
ピザ用チーズ	ふたつかみくらい
トマトケチャップ	大さじ2くらい

> マヨネーズ、また
> ケチャップ＋マヨネーズでも

使う道具

- 包丁
- まな板
- スプーン
- アルミホイル
- ミトン

※アルミホイルは、"こげないタイプ"を使用してください。

つくり方

ピーマンを切る

1

けが

ピーマンはへたと種を除き、洗って横に細切りにする。

ハムを切る

2

ハムは8等分に切る。

パンにのせる

3

オーブントースターの天板にアルミホイルを敷き、食パンをのせる。トマトケチャップをぬる。ピザ用チーズをのせる。

焼く

4

やけど

ピーマン、ハムをのせ、オーブントースターに入れて、チーズがとけるまで焼く（4〜6分）。ミトンを使ってとり出し、器に盛る。

チョコバナナトースト

あまーい
組み合わせ！

材料（2人分）

食パン（6枚切り）	2枚
板チョコレート	1枚
バナナ	1本

使う道具

- 包丁
- まな板
- アルミホイル
- ミトン

※アルミホイルは、"こげない
タイプ"を使用してください。

つくり方

1 オーブントースターの天板にアルミホイルを敷き、食パンをのせる。チョコレートを手で折ってのせる。

2 バナナは皮をむいて1㎝幅の輪切りにし、チョコレートの上にのせる。

3 オーブントースターに入れて、チョコレートがやわらかくなるまで焼く（3〜5分）。ミトンを使ってとり出し、器に盛る。

材料（2人分）

食パン（6枚切り）	2枚
しらす干し	大さじ2〜3
とけるスライスチーズ	2枚
マヨネーズ	大さじ2
焼きのり	好きなだけ

使う道具

- 計量スプーン
- スプーン
- アルミホイル
- ミトン

※アルミホイルは、"こげないタイプ"を使用してください。

つくり方

1 オーブントースターの天板にアルミホイルを敷き、食パンをのせる。マヨネーズをぬり、スライスチーズをのせ、しらす干しを散らす。

2 オーブントースターに入れて、チーズがとけるまで焼く（4〜6分）。ミトンを使ってとり出し、器に盛る。

3 焼きのりをちぎってのせる。

じゃこのりトースト

パンに和風も
おいしい！

さけのマヨ焼き

さけの切り身にマヨネーズをぬって焼くと、おいしいおかずに！
相性のいいミックスベジタブルといっしょに焼いてね。

材料（2人分）

- 甘塩ざけ ………………… 2切れ
- ミックスベジタブル ………… ½カップ（100ml）
- マヨネーズ ………… 大さじ2〜3
- バター ……… 2cm大をひとかけ

使う道具

- 計量スプーン
- 計量カップ
- スプーン
- ペーパータオル
- アルミホイル
- アルミカップ
- ミトン

※アルミホイルは、"こげないタイプ"を使用してください。

つくり方

さけの水気をふく

1

さけはペーパータオルで水気をふく。アルミカップにミックスベジタブルを入れる。

天板に並べる

2

アルミホイルを敷いた天板の上にさけを並べる。あいているところにミックスベジタブルのアルミカップを並べる。

3

さけの上にマヨネーズをのせ、スプーンの背でぬり広げる。

焼く

4

やけど

ミックスベジタブルの上にバターをちぎってのせる。オーブントースターでマヨネーズに焼き色がついて火が通るまで焼く（8〜10分）。

アルミカップに
のせて
焼（や）くと盛（も）りやすいよ

シューマイ風味のつくね

アルミホイルに肉だねをのせて焼き、食べやすく切ってつくるつくね。
皮はないけど、食べるとシューマイの味！

材料（2人分）

豚ひき肉	200g
長ねぎ	7㎝分

A
- おろししょうが ……… 少々
- 酒、しょうゆ、片栗粉 …… 各小さじ2
- ごま油 ……… 小さじ1

冷凍グリンピース ……… 12個

使う道具

- 計量スプーン
- 包丁
- まな板
- ポリ袋
- アルミホイル
- 竹ぐし
- ミトン

※アルミホイルは、"こげないタイプ"を使用してください。

つくり方

長ねぎを切る

1

長ねぎは洗って、使う7㎝分に十字に切りこみを入れる。

2

端から細かく切る。

肉だねをつくる

3

ポリ袋にAのおろししょうが、酒、しょうゆ、片栗粉、ごま油を入れて袋の上からまぜる。

モミモミ

4

2の長ねぎ、ひき肉を加えて手で練りまぜる。

グリンピースが真ん中になるように切ってね

形をつくる

5

アルミホイルを30×30㎝くらいに切り、天板に敷き、肉だねをのせる。手に少し水をつけ、厚さ2㎝くらいになるように四角に形をととのえる。

6

グリンピースを3×4列に並べて、指で軽く押してうめこむ。

包んで焼く

7

アルミホイルを手前、向こう側と折ってかぶせ、両サイドも折って包む。

8

やけど

オーブントースターに入れて焼く（12〜15分）。ミトンでとり出し、アルミホイルをはずし、竹ぐしをさしてピンク色の汁が出てこなければ焼き上がり。食べやすく切って器に盛る。

野菜のツナみそチーズ焼き

みそとチーズって、合わせると意外においしいよ。野菜と厚揚げに順番にのせたら、
あとは焼くだけ。チーズがこんがり焼けたらでき上がり。

材料（2人分）

ズッキーニ	⅓本
なす	1本
厚揚げ	½枚
ツナ（パック入り）	½パック
ピザ用チーズ	ふたつかみくらい
みそ	適量

使う道具

- 包丁
- まな板
- スプーン
- アルミホイル
- ミトン

※アルミホイルは、"こげないタイプ"を使用してください。

つくり方

野菜を切る

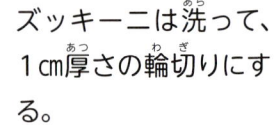

1 ズッキーニは洗って、1㎝厚さの輪切りにする。

2 なすは洗って、へたを除いて1㎝厚さの輪切りにする。

厚揚げを切る

3 厚揚げは1㎝厚さに切り、1切れをさらに半分に切る。

並べる

4 アルミホイルを天板に敷き、野菜と厚揚げを重ならないように並べる。

みそのかわりに、
ケチャップでも

焼く

野菜、厚揚げの上に、スプーンでみそを薄くぬる。

上にツナをのせる。

ピザ用チーズものせ、オーブントースターで、チーズがとけて野菜がしっとりするまで焼く（約10分）。ミトンを使ってとり出し、器に盛る。

マカロニグラタン

ホワイトソースでつくる本格的グラタンに挑戦して！　クリーミーな味が
たまらないおいしさ。マカロニをゆでて加えて、ボリュームをアップ。

えび入りです！
えびのかわりに
ウインナソーセージ
でも

材料（2人分）

マカロニ	50g
むきえび	100g
玉ねぎ	½個
冷凍ほうれん草	50g
ピザ用チーズ	60g
マカロニをゆでる塩	小さじ2
バター	2㎝大をひとかけ

A
ホワイトソース	1缶 (290g)
牛乳	大さじ8
塩	小さじ¼
こしょう	少々

器にぬるオリーブオイル……適量

使う道具

- 計量スプーン
- 計量カップ
- 包丁
- まな板
- ボウル
- ざる
- フライパン
- 鍋
- 菜ばし
- ゴムべら
- お玉
- ミトン
- ペーパータオル

メモ　ごはんでドリアでも

マカロニを加えないで、同じようにつくったソースをごはんにのせて、チーズをかけて焼けばドリアになります。

つくり方

マカロニをゆでる

1 鍋に湯を沸かし、塩を入れ、マカロニも入れる。

2 ときどきかきまぜながら、袋の表示時間通りにゆでる。

ざるに上げておいて

3 マカロニをお玉で引き上げ、ざるとボウルを重ねた中に入れる。

やけど

次のページへ

マカロニグラタン

器の準備

4

グラタン皿にオリーブオイルを入れ、指で全体にぬる。

えびを洗う

5

えびは洗って、ペーパータオルで水気をふく。

玉ねぎを切る

6

けが

玉ねぎは縦に薄切りにする。

炒める

7

フライパンにバター、玉ねぎを入れる。中火にかけて炒める（2〜3分）。

8

えびも加えて、えびの色が変わるまで炒める（3分）。

ソースで煮る

9

Aのホワイトソースと牛乳、塩、こしょうを加えてまぜて煮る。

> こおったまま加えてOK

10

フツフツとしてきたら、ほうれん草を加えてまぜる。

11

ほうれん草がなじんだら、**3**のゆでたマカロニを加える。

12

よくまぜて、全体にソースがからんだら火を止める。

器に入れる

13

グラタン皿に等分に入れる。

14

上にチーズをのせる。

> ミトンをつけてとり出してね

15

やけど

天板にのせ、オーブントースターでチーズがとけて、おいしそうな色がつくまで焼く（6〜10分）。

4章
しょう

具いっぱいの
ぐ

みそ汁、スープを
しる

つくる

おかずはまだできない！ という人はみそ汁、スープにチャレンジしてみない？
ひと　　　　　　　　　　　　　　　　　　しる

材料を切って煮るだけだから、簡単です。コーンスープは、
ざいりょう　き　に　　　　　　　　　　かんたん

缶詰に牛乳を加えて温めれば完成です。
かんづめ　ぎゅうにゅう　くわ　あたた　　　かんせい

豆腐とわかめのみそ汁

みそ汁のつくり方の基本をマスターして、好きな具でつくれば飽きずに食べられるね。
みそはおうちにある、好みのものでつくって。

ごはんに
ぴったり

材料(2人分)

豆腐	¼丁
乾燥カットわかめ	大さじ1
┌ 水	1¾カップ (350ml)
A だしパック	1個
└ または顆粒だしの素	大さじ½
みそ	大さじ1

使う道具

- 計量スプーン
- 計量カップ
- 包丁
- まな板
- 鍋
- お玉
- 菜ばし

つくり方

豆腐を切る

1

けが

豆腐は水気をきってまな板にのせ、1.5cm角に切る。

煮る

2

鍋にAの水とだしパックを入れて中火にかける。沸騰したら弱火にして煮る(3～4分)。だしパックはとり出す。

3

やけど

豆腐とわかめを入れて煮る(1～2分)。

みそをとく

4

お玉にみそをのせ、鍋の汁を少し入れて菜ばしでとく。お玉を鍋に入れてひとまぜし、火を止めて器に盛る。

さつまいものみそ汁

> さつまいもは
> じゃがいもでも

材料(2人分)

さつまいも……細めを¼本
玉ねぎ…………………¼個
┌ 水………2カップ(400ml)
A
└ だしパック…………1個
みそ……………………大さじ1

使う道具

・「豆腐とわかめ
　のみそ汁」と同じ

つくり方

① さつまいもはよく洗い、皮をつけたまま1㎝厚さの輪切りにする。水にさっとくぐらせて、水気をきる。玉ねぎは薄切りにする。

② 鍋にAを入れて中火にかける。沸騰したら弱火にして煮る（3〜4分）。だしパックをとり出し、①を加えてふたをして弱火でさつまいもがやわらかくなるまで煮る（10分）。

③ みそを加えてひとまぜし、火を止める。

油揚げとあおさのみそ汁

> からだにいい
> 組み合わせ

材料(2人分)

油揚げ…………………¼枚
あおさ……大さじ3くらい
┌ 水‥1 ¾カップ(350ml)
A
└ だしパック…………1個
みそ……………………大さじ1

使う道具

・「豆腐とわかめ
　のみそ汁」と同じ

> あおさは海そう！

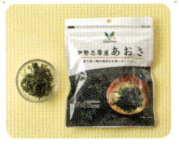

つくり方

① 油揚げは細く切る。

② 鍋にAを入れて中火にかける。沸騰したら弱火にして煮る（3〜4分）。だしパックはとり出し、油揚げを入れて煮る（2〜3分）。

③ みそを加えてひとまぜし、あおさも加えて火を止める。

レタスのスープ

洋風のシンプルスープ。ウインナソーセージからおいしいだしが出るので欠かせません。
レタスを入れたらさっと火を通して。

粉チーズをふっても〇

材料(2人分)

ウインナソーセージ	2本
レタス	2枚
A ┌ 水	2カップ (400ml)
洋風スープの素(顆粒)	
└	大さじ½

使う道具

- 計量スプーン
- 計量カップ
- 包丁
- まな板
- 鍋
- ボウル
- お玉

つくり方

レタスをちぎる

1

レタスは洗って、4cm大くらいに手でちぎる。

ソーセージを切る

2

けが

ウインナソーセージは1cm幅に切る。

煮る

3

鍋にAの水と洋風スープの素、ウインナソーセージを入れて中火にかける。

4

やけど

煮立ったら、レタスを加えてまぜてさっと煮る(30秒)。器に盛る。

はるさめスープ

中華風のスープ。はるさめがツルンとして食べやすいよ。
長ねぎの香りがアクセントになります。

材料(2人分)

長ねぎ	5㎝分
もやし	¼袋
豚ひき肉	40g
はるさめ(カットタイプ)	15g

A		
	水	2カップ (400ml)
	鶏ガラスープの素	小さじ2
	しょうゆ	小さじ1
	おろししょうが	少々
	ごま	小さじ½

使う道具

- 計量スプーン
- 計量カップ
- 包丁
- まな板
- 鍋
- ボウル
- お玉

ごま油は最後に加え、香りを残して

つくり方

野菜の用意

1

けが

長ねぎは洗って、端から薄く切る。もやしは洗って水気をきる。

煮る

2

やけど

鍋にAの水、鶏ガラスープの素、しょうゆ、おろししょうがを入れて中火にかける。煮立ったらひき肉を加える。

3

あく(茶色い泡)が浮いてきたらお玉ですくいとる。長ねぎ、もやしを加えて軽くまぜて煮る(2〜3分)。

4

はるさめ(そのままでOK)も加えてまぜる。はるさめがほぐれたらごま油をまぜて火を止め、器に盛る。

75

コーンクリームスープ

コーンクリーム缶を使えば、コーンスープも簡単です。
牛乳とまぜて温めるだけ！ クルトンをつくってのせるとおいしさアップ。

クルトンを
のせても

材料(2人分)

コーンクリーム ………… ½缶 (200g)
牛乳 ……………… ¾カップ (150ml)
洋風スープの素 (顆粒) …… 小さじ½

使う道具

- 計量スプーン
- 計量カップ
- 鍋
- お玉
- ゴムべら

つくり方

煮る

グラグラと
煮立たせないで

1 鍋にコーンクリーム、牛乳、洋風スープの素を入れてよくまぜる。

2 やけど
弱火にかけて、まぜながら温める。器に盛り、好みでクルトンをのせる。

メモ クルトン

クルトンは食パン (8枚切り) を小さく切って (型でぬいても) オーブントースターでこんがり焼きます。市販品もあるので、それを利用しても。

トマトスープ

豆も入れた具がたくさんのスープ。トマトスープはトマトジュースを使えば手軽につくれます。野菜にトマト味がしみて濃厚な味わいに。

材料（2人分）

- キャベツ……………………1½枚
- ベーコン（ショートタイプ）……………………2枚
- ミックスビーンズ（パック入り）……………………1袋
- オリーブオイル……小さじ1

A
- 水、トマトジュース（無塩）………各1カップ（200ml）
- 洋風スープの素（顆粒）……………………大さじ½
- 砂糖……………………小さじ1

使う道具

- 計量スプーン
- 計量カップ
- 包丁
- まな板
- 鍋
- お玉
- ゴムべら

粉チーズをふってもおいしい

つくり方

キャベツをちぎる

1

キャベツは洗って、小さくちぎる（2cmくらい）。

ベーコンを切る

2

けが

ベーコンは1cm幅に切る。

ベーコンはキッチンばさみで切ってもOK

炒める

3

鍋にオリーブオイル、キャベツ、ベーコンを入れる。中火にかけて炒める（2〜3分）。

煮る

4

やけど

Aの水、トマトジュース、洋風スープの素、砂糖を加える。煮立ったら弱火にし、ミックスビーンズを加えふたをして煮る（約10分）。

おいしく食べたら、あとかたづけを！

使った道具やお鍋、フライパン、そして料理を盛った器まで、
洗ってかたづけられたら本当のお料理じょうず！　できる範囲でやってみよう。

アドバイス！

道具や鍋、フライパンは、できれば使い終わったらすぐに洗って。
食器を洗う順番は、油がついていないグラスやお茶わん→食器類と洗うといいよ。

❶ 洗う前に

油がついているもの、カレーなどの汚れが多いものは、使ったペーパータオルなどでできるだけぬぐう。汚れが落ちにくいものは、しばらくお湯や水につけておく。

できることをやってね！

❷ 洗う

クルクル

スポンジに食器洗い用洗剤をワンプッシュつけ、スポンジを軽くもんで泡立たせる。

スポンジで食器の表側を洗う。

裏返して、食器の裏側も忘れずに！

③ すすぐ

流水の下で、泡が残らないようにしっかりと流す。

洗ったら、いったん洗いかごなどに置く。

④ ふく

かわいた、きれいなふきんで水気をふく。

⑤ しまう

食器だなやキッチンの中などの元の場所にもどす。

 よくできました！

📙メモ 包丁の洗い方

あぶないからこそ、扱いをおぼえておいて。
必ずおうちの人といっしょにやってね。

 けが

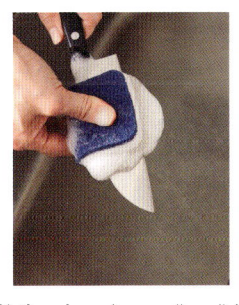

❶包丁の柄を持ち、刃を自分とは反対側に向け、スポンジで刃をはさんで前後に動かして洗う。

❷流水で洗剤を洗い流す。ふきんを広げた上にのせ、両面を返して水気をふく。

阪下千恵　さかした・ちえ

料理研究家。栄養士。東京で料理教室の講師をするほか、料理やお弁当、お菓子の本の出版や、食育関連講習会など幅広く手がける。ふたりの娘さん（小学生と高校生）はそれぞれに料理を楽しんでいる。おもな著書に『おとなのごはんと一緒に作れる　子どものお弁当』（小社刊）ほか多数。

STAFF

デザイン ◆ 宮代佑子（株式会社フレーズ）

撮影 ◆ 鈴木泰介

スタイリング ◆ 澤入美佳

料理制作アシスタント ◆ 宮田澄香　松本綾子

校閲 ◆ 校正舎楷の木

撮影協力 ◆ UTUWA

編集 ◆ 相沢ひろみ

企画・進行 ◆ 鏑木香緒里

【読者の皆様へ】

本書の内容に関するお問い合わせは、
お手紙または
メール（info@TG-NET.co.jp）
にて承ります。
恐縮ですが、電話でのお問い合わせは
ご遠慮ください。
『ひとりで作って、みんなで食べよ！
はじめてのごはん』編集部

ひとりで作って、みんなで食べよ！
はじめてのごはん

2019年7月15日 初版第1刷発行

2023年6月5日 初版第5刷発行

著　者 ● 阪下千恵

発行者 ● 廣瀬和二

発行所 ● 株式会社日東書院本社

　〒113-0033 東京都文京区本郷1-33-13　春日町ビル5F

TEL ● 03-5931-5930（代表）　FAX ● 03-6386-3087（販売部）

URL ● http://www.TG-NET.co.jp

印刷 ● 三共グラフィック株式会社

製本 ● 株式会社セイコーバインダリー